NOTICE BIOGRAPHIQUE

SUR

M. LE COMTE

DE VENDEUVRE,

ANCIEN MAIRE DE CAEN,

ANCIEN PRÉFET,

OFFICIER DE LA LÉGION-D'HONNEUR,

MEMBRE DE L'ASSOCIATION NORMANDE;

PAR UN MEMBRE DE LA MÊME ASSOCIATION.

Extrait de l'Annuaire normand. — Année 1864

CAEN,

TYPOGRAPHIE DE A. HARDEL, LIBRAIRE,

RUE FROIDE, 2.

—

1863.

NOTICE BIOGRAPHIQUE

SUR

M. LE COMTE DE VENDEUVRE.

M. Augustin Le Forestier, comte de Vendeuvre, naquit à Caen, le 6 juin 1786, de M. Jacques-Alexandre Le Forestier, comte de Vendeuvre, maire de Caen, démissionnaire en 1791 (1), et de dame Marguerite-Françoise-Camille de Launay d'Éterville. Son grand-père paternel, M. Alexandre Le Forestier d'Osseville, cinquième fils de Louis-Jacques Le Forestier, seigneur et patron d'Osseville en Cotentin, avait suivi la carrière du génie militaire. Son union avec Mlle. de Beaurepaire, qui lui apportait en mariage le beau domaine de Vendeuvre, dont son fils aîné prit le nom, et les fonctions d'ingénieur en chef, pour le Roi, des ville et château de Caen et des côtes maritimes de Normandie, lui avaient fait choisir cette dernière ville pour principale résidence.

(1) Il se retira devant l'obligation, qui lui était faite par la Constitution civile du clergé, de faire prêter aux membres de ce corps un serment que réprouvait sa conscience.

C'est de là que date, dans la même famille, cette succession de fonctionnaires, en quelque sorte incorporés à la cité, qui, interrompue par la première révolution, est venue s'arrêter à juillet 1830, en la personne du comte Louis d'Osseville, de regrettable mémoire.

L'éducation de M. de Vendeuvre dut se faire en pleine révolution. Réfugié à Rouen avec sa famille et contraint à la plus grande prudence, il y commença ses études et fut plus tard, en juin 1803, admis à l'école militaire de Fontainebleau. Mais la mort de son frère, survenue dans cette école l'année suivante, et surtout l'extrême délicatesse de sa santé, déterminèrent ses parents à le rappeler auprès d'eux et à renoncer à la carrière des armes qu'ils désiraient lui voir suivre.

Cependant sa santé, en s'affermissant, facilitait l'essor de son intelligence. Doué d'un esprit curieux et scrutateur, il saisissait vivement les questions qui s'offraient à lui, les jugeait avec une grande sûreté de coup-d'œil et une droiture inflexible qui forma le trait caractéristique de toute sa vie. Si, parfois, quelque erreur involontaire se glissait dans sa vive appréciation, il n'hésitait jamais à la reconnaître et semblait heureux même de ce redressement. Si à ces premiers traits nous joignons un attachement profond et pratique à la religion, un grand dévouement à ses amis et le plus ardent désir d'être utile et agréable aux autres, nous saurons sous quels auspices et dans quelles conditions il fit ses premiers pas dans la vie publique.

Marié le 25 février 1811 avec Mlle. Henriette Valentin de Vitray-Wicardel, il trouvait dans cette union tout ce qui devait remplir son cœur et embellir sa vie.

Ainsi le trouva la Restauration. A cette époque où tous

les bons esprits s'efforçaient de rattacher le passé au présent avec des institutions de moins et des libertés de plus, le souvenir de M. le comte de Vendeuvre, l'un des derniers maires de Caen sous Louis XVI, la pensée de sa retraite si honorablement et si fermement motivée, désignèrent tout naturellement son fils pour le même poste d'honneur et de dévouement. Il y fut appelé par Louis XVIII, le 31 janvier 1816.

Les circonstances dans lesquelles il entrait en fonction n'étaient pas sans difficultés. Si l'accueil sympathique dont il était l'objet lui prêtait une grande force, il allait trouver, dans la crise des subsistances qui devait bientôt se développer, l'occasion de déployer son activité et son zèle pour le bien public. Il n'y fit pas défaut et n'épargna ni surveillance intelligente, ni démarches personnelles auprès des cultivateurs pour maintenir les approvisionnements et tranquilliser les populations. Il suivait avec sollicitude et s'efforçait de déjouer les menées des passions politiques, ardentes à chercher dans les malheurs publics des éléments d'exploitation et des chances de triomphe.

Des intérêts d'une autre nature vont l'appeler et réclamer de lui un autre genre d'aptitude. L'existence de la Cour royale de Caen est menacée, par suite d'un remaniement en projet, tendant à dégrever le budget de la justice. Le Conseil municipal s'émeut. Sous l'influence et à la sollicitation du maire, un mémoire plein de faits, où nous croyons reconnaître les savantes et fortes argumentations de M. Thomine-Desmazures, est délibéré en séance extraordinaire, le 4 février 1817, et M. de Vendeuvre est chargé d'en diriger les suites à Paris. Son dévouement se multiplia : il mit en activité ses amis, n'épargna lui-même ni sollicitations, ni démarches, et mérita de voir sa mission couronnée du plus complet succès.

La même année (1817), la ville de Caen devait recevoir la visite de l'un des princes de la famille royale. Mgr. le duc d'Angoulême, parti pour visiter les départements maritimes, était attendu dans ses murs le 24 octobre. A la résolution plusieurs fois exprimée par le Conseil municipal de se porter en corps au-devant de l'auguste visiteur, le préfet avait dû opposer la dépêche ministérielle, sous la signature de M. Laisné, exprimant le désir du prince « qu'il ne soit fait aucune dépense ni « cérémonie de réception » et réglementant les choses en conséquence. Généralement l'effet produit par ces économies forcées n'est pas heureux : l'enthousiasme, quand il veut se produire, est un besoin et une consolation pour le cœur : pourquoi lui refuserait-on sa part de liberté ?

L'horizon s'éclaircissait pourtant, et il était permis de croire à un retour de prospérité réparatrice. Les vues de M. de Vendeuvre se portèrent sur les établissements utiles à développer, sur les embellissements à créer. Nul homme de l'art n'avait plus travaillé cette question que M. Harou-Romain, architecte de la ville et du département. A la sollicitation du maire, il remit, en juin 1818, un projet d'ensemble portant la date du 18 février 1815, et proposant, à côté des améliorations les plus essentielles, pour la plupart réalisées aujourd'hui, les créations les plus grandioses et aussi les plus coûteuses. Tenant compte du talent incontesté de l'auteur de ce travail, M. de Vendeuvre s'attacha d'abord aux choses urgentes et chercha persévéramment à tirer le meilleur parti possible des

constructions existantes, plutôt que d'en créer de nou-
velles. Ainsi le vit-on commencer par améliorer les quais
de la ville et en relever les murailles. Plus tard, la ville
étant rentrée en possession de la magnifique abbaye de
la Trinité, transformée en dépôt de mendicité sous l'Em-
pire, il obtint d'y transférer l'Hôtel-Dieu, jugé depuis
long-temps insuffisant et insalubre (1822).

Le pont de Vaucelles était, sans contredit le point de
la ville où la circulation était à la fois la plus intense et
la moins sûre. M. de Vendeuvre appuya énergiquement
sa reconstruction. Elle fut décidée en principe par le
Conseil municipal, mais l'exécution ne put avoir lieu
que sous l'administration de M. d'Osseville.

Les travaux utiles n'absorbèrent pas seuls la pensée
du jeune et actif maire de Caen. Il pensait que les mo-
numents sont une des voix de l'histoire et qu'il est
sage de les faire parler, quand ils expriment une pensée
vraie et conforme au sentiment national. Le 13 février
1820 avait marqué dans nos annales une date fatale, et
tous les cœurs honnêtes avaient maudit le forfait qui
privait la France d'un prince généreux et brillant. Le
Conseil municipal de Caen se ressouvint que, rappelé de
l'exil en 1814, c'était à Caen que Mgr. le duc de Berry
avait touché pour la première fois avec solennité le sol
aimé de la patrie. Réunir le souvenir de joie au souvenir de deuil dans un monument simple et durable,
telle fut la pensée commune acclamée plutôt que dis-
cutée au sein du Conseil municipal, et dont l'exécution
fut poursuivie par M. de Vendeuvre avec son zèle ordi-
naire. Malheureusement la main des révolutions, en en-
levant à ce monument les bas-reliefs de bronze qui lui
donnaient une signification artistique, n'a plus laissé

qu'un échantillon de granit écrasé sous les tours de St.-Étienne.

A cette protestation contre le crime devait succéder une autre réparation. Avant la révolution de 1789, la place Royale développait sa gracieuse galerie de tilleuls autour d'une statue de Louis XIV qui en occupait le centre. Le malheur du temps avait fait disparaître ce symbole monarchique et l'élégance de la place n'y avait rien gagné. Le Conseil municipal décida (1819 et 20) que cette statue serait rétablie. L'exécution en fut confiée à M. Petitot, artiste d'un mérite sérieux, et son projet retouché était apprécié dans les termes suivants par la section de sculpture de l'Académie royale des Beaux-Arts (séance du 25 mai 1822) : « La section de « sculpture pense que ce projet offre dans sa composition « un parti simple, noble, et tout à la fois riche et varié;

« Que le caractère de la figure est très-conforme à « l'idée que l'on se fait généralement de Louis-le-Grand;

- Que l'ajustement en est heureux; que le port, l'atti- « tude et les accessoires sont bien d'accord avec l'inten- « tion du programme, qui demande que le Roi soit « représenté vainqueur et protecteur des arts;

« Qu'enfin le talent connu de M. Petitot et l'esquisse « qu'il présente promettent un ouvrage qui honorera « l'époque actuelle et le gouvernement du Roi, digne « héritier de Louis-le-Grand. » Signé : QUATREMÈRE DE QUINCY.

Malgré tous les soins que prit M. de Vendeuvre pour hâter l'exécution de ce morceau capital, il ne put être inauguré qu'en 1828. Deux ans après, le marteau révolu-tionnaire faisait disparaître de la cuirasse et du cimier les fleurs de lis, seul emblème caractéristique de la royale famille et de la grande époque à laquelle appartenait cette statue gréco-romaine.

Si le Maire de Caen se plaisait dans la haute manifestation de sa foi monarchique, il ne s'attachait pas avec une moindre ardeur à défendre les intérêts de toute nature qui lui étaient confiés. En 1821, la ville de Caen, obéissant à un sentiment qu'elle n'était pas seule à éprouver, avait pris des délibérations et présenté des pétitions en vue d'obtenir la suppression du dixième des recettes des octrois attribué à l'État. Ce dixième ne représentait pas alors moins de 4 millions. M. de Vendeuvre n'oublia rien pour réussir dans une réclamation qui lui paraissait juste. Il entretint, à ce sujet, une correspondance active avec M. le comte de Vaublanc, député influent de la droite et ministre de l'intérieur en 1815 ; mais tous les efforts furent inutiles. « Quand une idée à « la mode saisit une assemblée de Français, écrivait cet « homme d'État, elle devient une contagion, et rien ne « peut arrêter ses progrès. » Or, l'idée à la mode était le dégrèvement exclusif et continu de l'impôt direct et l'aggravation plutôt que la diminution de l'impôt indirect. M. de Vaublanc prit plusieurs fois la parole pour défendre les intérêts de notre ville et protesta, par son vote, contre une défaite qu'il avait prévue et qu'il annonçait avec regret dans une lettre du 12 avril 1822.

Quand il s'agissait de rendre justice, M. de Vendeuvre n'hésitait jamais : aussi le vit-on, en 1816, témoigner hautement en faveur de M. le comte de Berthier, alarmé à juste titre d'un article peu bienveillant pour sa courte administration dans le Calvados. Ainsi le vit-on également, en 1819, présenter avec insistance, comme le seul moyen de combattre la désorganisation imminente de la garde nationale, l'application des peines disciplinaires sans aucune exception en faveur des hautes positions sociales. C'était de la bonne et saine égalité.

Mais son esprit, plein de compassion pour toutes les souffrances, s'attachait avec une prédilection toute particulière à la question des Hospices : il provoquait la visite des inspecteurs, veillait à la régularité nécessaire et rigoureuse du service médical. En maintes occasions, il sut maintenir très-fermement les prérogatives de la Commission administrative, pénétrée de ses vues et animée de son esprit.

Il n'apporta pas moins de sollicitude à la propagation de l'instruction primaire, qu'il voulait universelle et forte. S'il attachait une grande importance à faire rétablir le noviciat des Frères de la Doctrine chrétienne, que la ville était menacée de perdre ; s'il intéressait NN. SS. les Évêques de Bayeux, de Coutances et de Séez à le faire prospérer ; si, enfin, il ouvrait une nouvelle école et la confiait aux Frères, il ne se montra pas moins favorable à l'érection, par souscriptions volontaires, d'une école d'enseignement mutuel. M. Brunel, vice-président du Comité d'administration, le constatait en ces termes : « Premier « auteur de la souscription, je me plais à vous remercier « de l'appui que vous avez bien voulu nous promettre. « Vous ne pouviez m'en donner une preuve plus agréable « qu'en m'offrant, ainsi que vous l'avez fait, de visiter la « salle de l'Hôtel-de-Ville dans laquelle notre désir « serait de placer notre école, etc. » (Lettre du 20 mars 1819). C'est dans cette salle, en effet, que l'école en question s'est établie.

M. de Vendeuvre était administrateur : il savait que le bien peut se faire de plusieurs manières et qu'un esprit exclusif engendre les luttes en comprimant l'utile et légitime expansion de la liberté. Si donc il se montra propagateur zélé de la religion, il la pratiqua toujours avec sévérité pour lui-même et indulgence pour les autres. Au rigorisme exagéré il opposait une charité bien entendue ; cette charité, il sut, en 1817 notamment, l'appliquer à la défense des cordonniers étalagistes de la rue des Petits-Murs menacés dans leur modeste industrie, qui, de temps immémorial, s'exerçait le dimanche en faveur des ouvriers de la campagne, retenus les autres jours par leurs travaux.

Toujours bon, même quand il fallait sévir, il n'exerça jamais ce pénible devoir envers ses subordonnés infidèles sans avoir auparavant essayé du pardon. Les preuves en sont dans nos mains. Il suffisait d'ailleurs de participer à son administration pour trouver en lui l'appui le plus ferme et, au besoin, le défenseur le plus éclairé.

Témoin des heureux résultats obtenus par M. de Vendeuvre et de l'universelle sympathie qui l'entourait, le gouvernement du roi Louis XVIII crut devoir l'appeler à un poste plus élevé. M. de Corbière contresignait, le 7 avril 1824, l'ordonnance royale qui le nommait préfet d'Ille-et-Vilaine. C'était débuter brillamment dans la carrière nouvelle qui s'ouvrait devant lui. Il y déploya toutes les qualités éminentes dont il avait fait preuve déjà, et se maintint, sans fléchir un seul instant, dans cette ligne de droiture et de parfaite équité qui lui gagnait tous les cœurs. Mais si cette manière d'être avait de précieux avantages, peut-être ne suffisait-elle pas à la défense de ses propres intérêts. Député d'Ille-et-Vilaine et appartenant par sa famille à ce département, M. de Corbière, alors ministre de l'intérieur, ne pouvait man-

quer d'y entretenir des relations et d'y exercer une
influence en dehors de l'influence personnelle du préfet.
Une telle situation eût exigé une souplesse de caractère
ou une dextérité diplomatique qui n'allait en aucune
sorte à la trempe nette et ferme de M. de Vendeuvre.
Une sorte de disgrâce en fut la conséquence, et, le 18
juillet 1827, il dut quitter Rennes pour Montauban.

Hâtons-nous de le dire, cette administration de trois
années n'avait pas été sans fruit. Attaché sans relâche à
étudier et à faire prospérer les intérêts de son beau
département, le préfet d'Ille-et-Vilaine avait inauguré
l'ouverture de l'important canal d'Ille-et-Rance, qui,
dans un développement de près de 63,000 mètres, réunit
Rennes à Dinan et à St.-Malo. En 1825, à l'occasion du
sacre de Charles X, il avait été nommé officier de la
Légion-d'Honneur; sa nomination au titre de chevalier
datait du 18 août 1821.

M. de Vendeuvre apportait dans le Tarn-et-Garonne,
qui l'éloignait de sa famille et de ses plus chères relations, la même application, le même amour du bien qui
l'avait fait jusque-là remarquer et bénir. Mais il ne devait
pas y faire une longue résidence. A peine M. de Corbière eût-il quitté le ministère qu'une ordonnance royale,
du 15 février 1828, appelait l'ancien maire de Caen dans
la Vienne, où il resta jusqu'au 2 avril 1830. A cette
époque, au grand regret de ses administrés, il dut encore
subir un nouveau changement.

Dans la prévision de crises imminentes et prochaines,
le ministère, peu inquiet des provinces de l'Ouest, se
préoccupait davantage de l'Est où la fermentation trouvait plus d'aliments. Plein d'une juste confiance dans la
fermeté et dans le dévouement de M. de Vendeuvre, le

gouvernement royal le pressa d'accepter la préfecture de la
Moselle. Quel que fût le sacrifice imposé, quelque pénible
sentiment qu'il éprouvât en se séparant d'amis nouveaux,
de populations dévouées qui lui rappelaient l'Ille-et-Vilaine,
le consciencieux fonctionnaire, condamné à l'avancement,
ne discuta pas l'ordre donné. Il obéit sans murmure et fit
à Metz sa quatrième installation. Moins de quatre mois
après, la Révolution de Juillet vint l'en expulser. Au
péril de ses jours, il défendit son poste jusqu'au dernier
moment et ne se retira qu'après le triomphe du nouveau
pouvoir.

Avec les princes qu'il avait fidèlement servis, M. de
Vendeuvre rentra dans le calme de la vie privée. Comme
l'ambition n'avait pas été son mobile, le sacrifice lui
coûta peu. Son activité, sa soif d'être utile, ses talents
acquis, son expérience des affaires, il les mettra au service des habitants de Vendeuvre, dont il sera désormais
l'ami, le conseiller, l'administrateur, le père. La commune remplacera pour lui le département. Aussi simple
dans ses goûts qu'il avait été brillant naguère, on le verra
exercer la plus gracieuse hospitalité dans sa terre patri-
moniale, que d'autres devoirs l'avaient trop long-temps
contraint de négliger. Tout à sa famille, à ses amis et à
ses administrés, il se dévouait sans ménagement pour lui-
même. Sa foi vive savait à propos se communiquer aux
autres : combien de fois n'a-t-il pas visité à son chevet le
pauvre malade oublieux de ses devoirs ! Avec quel zèle
éloquent il combattait ses doutes, sollicitait son retour et
facilitait au prêtre l'exercice de son consolant ministère !
Combien de fois n'a-t-il pas rétabli l'harmonie dans les
familles, évité des procès, conjuré des ruines ! Mais telle
était la discrétion dont il s'environnait, que ses bonnes

œuvres, chaque jour renouvelées, échappent à toute recherche et à tout détail.

Il n'eut pas le privilége de se soustraire aux épreuves de la vie; mais si, plusieurs fois, nous l'avons vu en proie à leurs douloureuses étreintes, jamais sur ses lèvres nous n'avons surpris un murmure, jamais un reproche amer. C'était partout et toujours le chrétien résigné et soumis; de telle sorte que, malgré sa vivacité naturelle, la paix de son âme ne restait pas troublée.

Il aimait les distractions de l'esprit, et, tout en détestant les révolutions, il professait pour son pays un dévouement sincère. Toute découverte utile, toute amélioration proposée en faveur de notre agriculture et de notre industrie captivaient son intelligence et provoquaient son étude. A ce titre, les travaux de l'Association normande l'intéressaient à un haut degré.

Telle s'écoula cette dernière moitié de sa vie. La vieillesse l'atteignait, et lui, comme ses amis, comme ses proches, fut long-temps avant d'en pressentir les ravages, tant il avait conservé d'aisance chevaleresque dans ses manières, de charme et d'animation dans ses entretiens. L'heure fatale, cependant, était près de sonner : un catarrhe chronique, aggravé par un voyage aux eaux, l'emporta, le 15 décembre 1862, sans qu'il eût la conscience de sa fin prochaine. Dieu, en le frappant au milieu de sa famille, armé pour ce suprême combat, lui épargnait toutes les angoisses de la lutte et les douleurs de la séparation. Le vide qu'il a laissé est immense; la tendresse d'une épouse aimée ressent cruellement ce vide; son exemplaire dévouement pour tous les siens ne souffre pas moins de ne pouvoir le combler. Mais, parmi ses nombreux enfants, les qualités éminentes et les rares vertus de M. de Vendeuvre ne sont pas tombées en déshérence : sa mémoire , ses exemples ne périront pas.

www.ingramcontent.com/pod-product-compliance
Lightning Source LLC
Chambersburg PA
CBHW061815040426

42447CB00011B/2671